Dieses Buch gehört:

_____

Frühlingshits für Kids

DIE SCHÖNSTEN BASTELIDEEN FÜR KINDER AB 4 JAHREN

Vorwort

Bastelspaß und Frühlingslaune — damit kommt bei Kindern garantiert keine Langeweile auf. Mit Schere und Papier, Pinsel und Farbe, Pappmaché und Bastelfilz gehen kleine Künstler auf große Entdeckungsreise durch die bunte Welt der Frühlingsmotive: Von kleinen Osterhasen und lustigen Hühnern über anmutige Schmetterlinge und bunte Blumen bis hin zu frechen Fröschen und wollweißen Lämmchen ist alles versammelt, was der Frühlingszeit ihren unverwechselbaren Charakter gibt.

Kindgerechte Techniken wie Papierknüllen, Prickeln, Papierfalten, Modellieren und Fingerdruck ermöglichen es auch kleineren Kindern, kreativ zu werden. Ältere Kinder können sich an einfachen gesägten Motiven, Pomponfiguren, Pappmaché oder Fensterbildern versuchen. Die Altersangaben bei den jeweiligen Motiven helfen dabei, für jedes Kind das passende Modell zu finden. Außerdem erleichtern hilfreiche Tipps für Eltern und Kinder das Nacharbeiten der Bastelideen.

Also her mit der Bastelkiste und den bunten Materialien und losgebastelt! Beim fröhlichen Frühlingsbasteln wünschen wir euch viel Spaß!

Gewusst wie

Grundausstattung

Folgende Hilfsmittel und Werkzeuge werden für die meisten der in diesem Buch gezeigten Modelle benötigt. Sie sind in den Materiallisten zu den einzelnen Modellen in der Regel nicht mehr aufgeführt:

* Bleistift und Anspitzer
* Radiergummi
* Transparentpapier
* dünne Pappe
* Pauspapier
* Schere und Kinderschere
* Cutter mit geeigneter Schneideunterlage
* Prickelnadel mit geeigneter Unterlage
* dünner wasserfester Stift in Schwarz und Rot
* Lackmalstift in Weiß
* Bunt- und Filzstifte in verschiedenen Farben
* Pinsel
* UHU Alleskleber und Klebestift

* Klebefilm
* Heißklebepistole
* Nähnadel und Faden
* Schaschlikstäbchen und Zahnstocher
* Wattestäbchen
* Zirkel
* Laubsäge (mit Sägeblättern der Stärke 0–3 für Holz)
* Schmirgelpapier

Hinweise

Mit „Rest" wird in den einzelnen Materiallisten immer ein Stück bezeichnet, das maximal A5 groß ist.

Heißklebepistole und Cutter gehören nicht in die Hände von Kindern. Sollten diese Werkzeuge benötigt werden, muss ein Erwachsener helfen.

So wird's gemacht

Vorlagen übertragen

Das Transparentpapier auf die Vorlage legen und alle Einzelteile ohne Überschneidungen mit einem Bleistift durchpausen. Dann das Transparentpapier auf dünne Pappe kleben und daraus die Motivteile exakt ausschneiden. Die Schablone nun auf den gewünschten Untergrund legen, die Konturen nachzeichnen und die Teile sorgfältig ausschneiden.

Hexentreppen falten

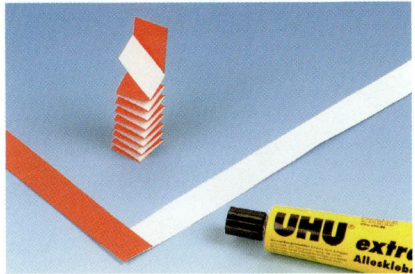

Die Enden von zwei gleich langen und gleich breiten Papierstreifen rechtwinklig aufeinanderkleben. Den unten liegenden weißen Streifen über den oberen roten Streifen falten. Nun den roten Streifen über den weißen falten etc., bis die gewünschte Länge der Hexentreppe erreicht ist. Die Längenangaben in den Materiallisten sind einige Zentimeter länger. Als Orientierungshilfe für die Länge der Hexentreppe werden die Zacken auf der linken und der rechten Seite gezählt. Die beiden Papierstreifen mit der Schere kürzen.

Knülltechnik

Für jede Kugel ein Stück Seidenpapier (ca. 5 cm x 5 cm) zurechtreißen und zwischen Zeigefinger und Daumen zu einer Kugel knüllen. Die zusammengeknüllten Kügelchen mit Alleskleber aufkleben.

Prickeltechnik

Das Motiv mit einer Schablone auf Karton übertragen und auf eine weiche Unterlage legen. Mit der Prickelnadel dicht an dicht viele kleine Löcher entlang den aufgezeichneten Linien stechen. Zum Schluss das Motiv aus dem Karton reißen.

Holzarbeiten

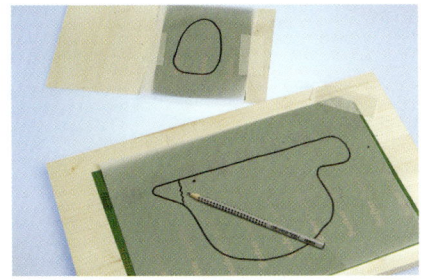

1 Einen Bogen Pauspapier und darüber die Vorlage (auf Transparentpapier abgepaust) auf das Sperrholz legen und mit Klebefilm fixieren. Nun mit einem Bleistift die Linien des Motivs nachziehen.

2 Das Motiv mit einer Laubsäge sorgfältig aussägen. In den Ecken zum Wenden immer auf einer Stelle sägen und das Motiv langsam und ohne Druck drehen. Die Kanten des ausgesägten Motivs mit Schmirgelpapier glätten. Die Holzteile mit Acrylfarbe bemalen. Dann alles mit Heißkleber oder Holzleim zusammenkleben.

Holzperlen spalten

Die Holzperle mit dem Loch nach oben auf eine Unterlage legen, ein Küchenmesser auf die Perle setzen und die Perle mit einem Hammerschlag spalten.

Pompons wickeln

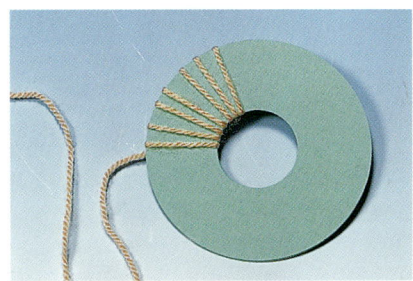

1 Mit dem Zirkel um denselben Mittelpunkt zwei Kreise zeichnen. Die jeweils benötigten Durchmesser des inneren und äußeren Kreises findest du bei der Anleitung. Wenn dort z. B. „ø 8 cm/3 cm" steht, dann bedeutet das, dass der äußere Kreis einen Durchmesser von 8 cm, der innere Kreis einen Durchmesser von 3 cm hat. Den Pappring ausschneiden und genauso einen zweiten herstellen.

2 Die beiden Pappringe deckungsgleich aufeinanderlegen und sie so lange mit Wolle umwickeln, bis sich kein Faden mehr durch die Mitte ziehen lässt.

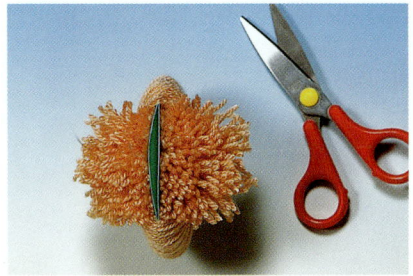

3 Die Wolle am äußeren Rand der Pappringe rundherum aufschneiden. Einen Faden zwischen die Pappscheiben legen, zusammenziehen und verknoten. Die Pappscheiben entfernen und den Pompon in Form schneiden.

Kunterbunter Frühling

Lauter lustige Tiere tummeln sich auf diesen Seiten: Schmetterlinge mit großen Augen, blaue Hühner, gut gelaunte Frösche, zarte Bienen, freche Schnecken und weiche Lämmchen, die man nicht nur leicht nachbasteln kann, sondern die sich auch bestens zum Spielen eignen.

Auch das Osterbasteln darf natürlich nicht zu kurz kommen: Osterkörbchen, die viel Platz für nette Kleinigkeiten bieten, bunte Ostereier, mit denen man die Wohnung dekorieren oder die man lieben Verwandten und Freunden schenken kann, und natürlich lustige Osterhasen, die bei keinem Osterfest fehlen dürfen.

Mit diesen Ideen wird der Frühling richtig bunt und fröhlich!

Schmetterlinge

flattern im Wind

Alter

ab 5 Jahren

Motivhöhe

ca. 8 cm

Material
pro Schmetterling

* Faltpapier in Blau, Weiß oder
  Rot gepunktet, 15 cm x 15 cm
* Tonpapierrest in Schwarz
* 2 Wackelaugen, ø 5 mm

Vorlage

Seite 52

1 Für einen Flügel das Faltpapier diagonal (Ecke auf Ecke) falten. Das Dreieck an der Strichpunktlinie falten und wieder öffnen. Die rechte Ecke an der gestrichelten Linie nach links falten (Abb. 1 und 2).

2 Die Ecke an der gestrichelten Linie wieder nach rechts falten (Abb. 3).

3 Die linke Flügelhälfte ebenso falten.

4 Die Flügelschablone auflegen, den Umriss mit Bleistift nachfahren (gepunktete Linie) und den Flügel ausschneiden (Abb. 4). Den zweiten Flügel ebenso arbeiten. Die Flügelschablone diesmal spiegelverkehrt auflegen.

5 Wackelaugen und Flügel auf den ausgeschnittenen Rumpf kleben (Abb. 5).

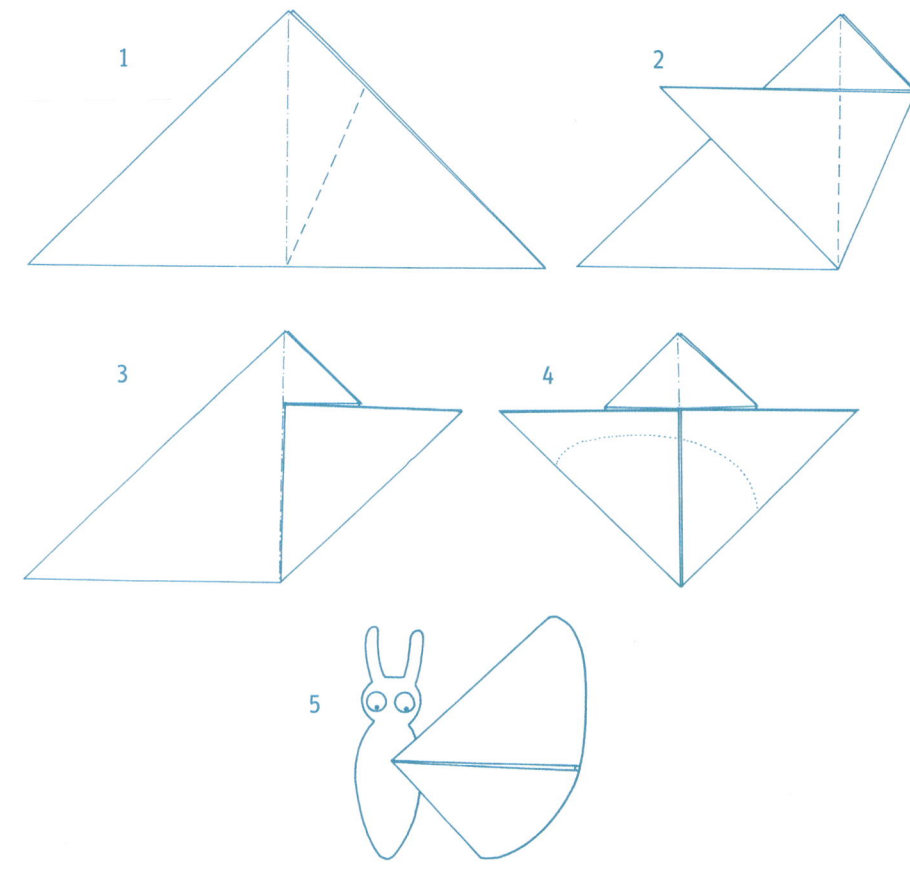

Osterhühner

dieses Jahr in Blau

1 Von allen Motivteilen Schablonen anfertigen und die Umrisse auf den Tonkarton übertragen. Die Motivteile entweder ausschneiden oder an den Rändern entlangprickeln. Auf das Auge wird mit Filzstift ein kleiner schwarzer Punkt gesetzt.

2 Nun wird das Huhn zusammengeklebt: Den Schnabel und den Kamm auf der Rückseite, das Auge auf der Vorderseite aufkleben. Wenn du möchtest, kannst du die Wangen des Huhns röten. Dazu etwas Buntstiftspäne (bleibt beim Stiftespitzen übrig) auf den Zeigefinger nehmen und auf dem Papier verreiben.

3 Zum Schluss den Chenilledraht eindrehen, auf der Rückseite festkleben und das Huhn an einem Faden aufhängen.

Unser Tipp für dich
Wenn dein Huhn von beiden Seiten gleich schön aussehen soll, schneide oder prickle den Körper des Huhns noch ein zweites Mal aus und klebe ihn zusammen mit einem Auge auf die Rückseite.

Mein kleines Haus

mit Blumentopf

Alter
ab 4 Jahren

Motivhöhe
ca. 19 cm

Material
* Tonkarton in Hellblau, A5
* Wellpappereste in Rot gepunktet,
  Blau gepunktet und Grün
* Tonkartonrest in Schwarz und Pink
* kariertes Papier aus einem Schulheft

Vorlage
Seite 58

1 Von allen Einzelteilen Schablonen anfertigen und die Umrisse auf das jeweilige Papier übertragen. Die einzelnen Teile ausschneiden.

2 Das Fenster des Hauses, die Blüte und das Blatt werden geprickelt. Für den Schornstein wird kariertes Papier ziehharmonikaartig gefaltet.

3 Nun kannst du alles zusammenkleben.

Niedlicher Vogel

mit richtigen Federn

Alter
ab 5 Jahren

Motivhöhe
ca. 10 cm

Material
* Tonkartonrest in Gelb
* Marabufedern in Rot, Violett und Gelb
* Chenilledraht in Orange, 8,5 cm lang
* Lochzange

Vorlage
Seite 52

1 Eine Schablone herstellen, die Umrisse auf den Tonkarton übertragen und ausschneiden. Das Auge und den Schnabel aufmalen.

2 Am unteren Rand des Vogels ein Loch stanzen und den Chenilledraht durchziehen. Lasse dir dabei von einem Erwachsenen helfen, Setze den Vogel nun auf deinen Finger und drehe den Chenilledraht zu einem Ring, der genau auf deinen Finger passt.

3 Nun bekommt der Vogel noch sein Federkleid. Durch das Auf- und Abbewegen mit dem Finger bewegen sich die Federn im Wind.

Kleine Schachteln

für große Schätze

Beim Herstellen des Pappmachés sollte dir ein Erwachsener helfen. Formen kannst du das Pappmaché dann nach Lust und Laune selbst.

1 Das Zeitungspapier in kleine Stücke reißen und mit viel heißem Wasser in einen Eimer geben. Das Papier mindestens eine halbe Stunde quellen lassen, bevor es mit einem Pürierstab zu einem dünnflüssigen Brei verarbeitet wird.

2 Den Brei nun durch ein Sieb in eine Schüssel geben und mit den Händen noch einmal sanft durchkneten. Noch besser geht es, wenn du den Brei auf ein trockenes Geschirrhandtuch gießt, damit umwickelst und die überschüssige Flüssigkeit durch den Stoff drückst.

3 Unter die Masse je drei Esslöffel Holzleim und Tapetenkleister rühren und das Ganze wieder gut durchkneten. Fertig!

4 Nun kannst du kleine Figuren oder Muster auf Schachteln oder Dosen legen. Die Masse muss ein bis zwei Tage durchtrocknen, bevor die Figuren bemalt werden können.

Alter
ab 5 Jahren

Motivhöhe
je nach Größe der Schachtel

Material
* 8 bis 10 Bögen Zeitungspapier
* Eimer mit heißem Wasser
* Pürierstab
* Sieb oder Geschirrtuch
* Schüssel
* je 3 Esslöffel Holzleim und Tapetenkleisterpulver
* Schachteln und Dosen
* Acrylfarbe in Hell und Dunkelblau, Hell- und Dunkelgrün, Rot, Gelb, Hell- und Dunkellila

Blumen-Buchstützen

für Leseratten

Alter

ab 7 Jahren

Motivhöhe

ca. 16 cm

Vorlage

Seite 55

Material pro Buchstütze

* Pappelsperrholz, 1,5 cm stark, 14 cm x 17 cm
* 2 Pappelsperrholzteile, 1,5 cm stark, 19,5 cm x 11 cm
* Acrylfarbe in Karminrot und Rosé
* Seidenmalfarbe in Maigrün
* Sprüh-Klarlack
* Holzleim

1 Die Blume auf das Pappelsperrholz übertragen, aussägen und mit Schmirgelpapier in Maserungsrichtung abschleifen.

2 Zuerst die Blüte wie abgebildet bemalen und trocknen lassen. Dann den Stängel der Blume mit Seidenmalfarbe anmalen. Die Blume noch mit der Spirale in der Blütenmitte und Pünktchen auf den Blütenblättern verzieren.

3 Die beiden Sperrholzteile zur Buchstütze zusammenleimen und danach mit stark mit Wasser verdünnter Acrylfarbe bemalen.

4 Zum Schluss die Blume auf die Buchstütze leimen und alles mit Klarlack einsprühen.

Blumenklammern

bringen alles zum Blühen

Alter

ab 7 Jahren

Motivhöhe

ca. 9 cm

Vorlage

Seite 55

Material

* Pappelsperrholz,
  3 mm stark, 30 cm x 30 cm
* 4 Holzwäscheklammern,
  7,4 cm lang
* Acrylfarbe in Karminrot
  und Orange
* Seidenmalfarbe in Orange
  und Mittelgelb
* Holzleim

1 Die Blumen übertragen, aussägen und mit feinem Schmirgelpapier abschleifen.

2 Die rote Blüte mit Acrylfarbe anmalen, alle anderen mit Seidenmalfarbe. Nach dem Trocknen die Punkte und Spiralen mit Acrylfarbe aufmalen.

3 Zum Schluss die Holzwäscheklammern mit Holzleim mittig auf der Rückseite aufkleben.

Osternest

zum Eierfest

Alter
ab 5 Jahren

Motivhöhe
ca. 17 cm

Material
* mittelgroßer, runder Luftballon
* 5 EL Tapetenkleister
* 3 Bogen Transparentpapier in Gelb, je 70 cm x 100 cm
* Transparentpapierreste in Orange, Rot, Rosa und Hellgrün

Vorlage
Seite 56

1 Den Luftballon auf normale Größe aufblasen und zubinden. Das gelbe Transparentpapier in nicht zu kleine Stücke, ca. 8 cm x 8 cm, reißen.

2 Den Tapetenkleister mit ungefähr einem Liter Wasser anrühren. Dann den Kleister mit den Fingern oder einem dicken Borstenpinsel auf den Luftballon streichen und die Papierstücke auf den ganzen Ballon kleben. Mehrere Schichten auftragen, dabei immer wieder mit Kleister einstreichen. Gut trocknen lassen. Dann wird der Luftballon aufgestochen.

3 Nach dem Trocknen etwa ein Drittel von der Kuppe, an der sich der Knoten befand, rund abschneiden, sodass eine Schalenform entsteht. Die Luftballonreste entfernen und Zacken in den Rand der Schale schneiden.

4 Etwa 20 bunte Kreise aus Transparentpapier ausschneiden und rundherum mit Kleister aufkleben und wieder gut trocknen lassen.

UNSERE ELTERNTIPPS
Schon kleine Kinder können das Seidenpapier zurechtreißen und den Ballon damit bekleben. Das Ausschneiden der bunten Punkte erfordert etwas mehr Geschick, zumal das sehr dünne Papier sich nicht ganz einfach handhaben lässt.

Wenn Sie den aufgeblasenen Ballon mit der verknoteten Seite nach unten in ein Gefäß (z. B. einen kleinen Eimer) stellen, lässt er sich leichter bekleben.

Unsere Tipps für dich
Mit schönen Sachen gefüllt ist dieses Osternest ein wunderschönes Geschenk für Großeltern, Eltern, Geschwister oder Freunde.

Du kannst das Osternest übrigens in unterschiedlichen Größen basteln: Die Größe des Nestes richtet sich nach der Größe des Luftballons. Kleine Nester lassen sich mit „Wasserbomben"-Luftballons herstellen.

Tierisch bunte Schachtel

lustiger Schmetterling

Material

* runde Käseschachtel,
  ø 9 cm
* Acrylfarbe in Weiß,
  Hellgrün, Lila, Rosa,
  Gelb, Orange, Rot
  und Braun
* 2 Gewürznelken
* 6 glatte Kieselsteine

1 Die Schachtel mit Acrylfarbe bemalen und gut trocknen lassen.

2 Die Steine für die Schmetterlingsflügel, den Körper und Kopf wie abgebildet anmalen. Tupfe die Punkte am besten mit einem Wattestäbchen auf. Die Augen werden mit einem wasserfesten schwarzen Filzstift aufgemalt. Den Schmetterling gemäß Vorlage auf dem Deckel anordnen und festkleben. Am Kopf zwei Gewürznelken als Fühler befestigen.

Häschen auf der Leiter

bringt die Ostereier

Alter
ab 6 Jahren

Motivhöhe
ca. 34 cm

Material
* Fotokarton
  in Braun, A3
* Wellpappe in Grün, A4
* Fotokartonreste in
  Weiß, Rot, Blau, Beige
  und Regenbogenfarben
  (Ei)

Vorlage
Seite 54

1 Das Häschen kann in zwei verschiedenen Größen gearbeitet werden. Die Materialangabe bezieht sich auf das große Häschen. In der kleinen Form kann es mit anderen Figuren zusammen eine kleine Szene am Fenster spielen, groß füllt es allein das Fenster.

2 Von allen Einzelteilen Schablonen anfertigen und auf den entsprechenden Karton übertragen. Alle Teile ausschneiden, bemalen und wie abgebildet zusammenkleben.

Leuchtend bunte Eier

mit Pompons und Schokolinsen

Alter

ab 5 Jahren

Motivhöhe

ca. 8 cm

Material
Ei mit Schokolinsen

* Plastikei in Gelb, ca. 6 cm hoch
* Schokolinsen in Bunt
* 1 EL Eiweiß
* 6 EL Puderzucker
* Plastikaufhänger

Blüten-Eier

* je 1 Plastikei in Rot und Grün,
  ca. 6 cm hoch
* grünes Ei: 12 Pompons in Gelb
  und 72 Pompons in Weiß, ø 7 mm
* rotes Ei: 12 Pompons in Rot
  und 72 Pompons in Gelb, ø 7 mm
* 2 Plastikaufhänger

Schmetterlings-Ei

* Plastikei in Grün, ca. 6 cm hoch
* Fotokartonreste in Orange, Gelb
  und Eosin
* je 9 Pompons in Rosa, Violett
  und Gelb
* Silberdraht, ø 0,25 mm
* Plastikaufhänger

Vorlage

Seite 54

Ei mit Schokolinsen

1 Puderzucker und Eiweiß zu einer zähen Masse verrühren. Einen Tropfen Zuckerguss auf das Ei geben und sofort eine Schokolinse aufdrücken. Auf diese Weise Linse für Linse das gesamte Ei bekleben.

2 Einige Stunden trocknen lassen und zum Schluss den Plastikaufhänger anbringen. Wichtig: Das Ei sollte keinen großen Erschütterungen ausgesetzt sein, da sich das Eiweiß sonst mit der Schokolinse von der Schale löst. Außerdem sollten die Linsen nach dem Aufkleben nicht mehr verzehrt werden, da sie mit dem Eiweiß in Kontakt getreten und damit ungenießbar geworden sind.

Blüten-Eier

1 Eine Blume besteht aus einem Pompon für die Blütenmitte und sechs weiteren als Blütenblätter.

2 Das Ei mit etwa 12 Blüten wie abgebildet bekleben und gut trocknen lassen.

Schmetterlings-Ei

1 Von jeder Farbe aus Fotokarton drei Schmetterlinge gemäß Vorlage ausschneiden. Für jeden Fühler jeweils 8 cm Draht verwenden. 7 cm des Drahtes um ein Schaschlikstäbchen wickeln, wieder abziehen und die so entstandenen Fühler mit dem geraden, 1 cm langen Ende auf die Flügel kleben.

2 Drei Pompons als Körper aufkleben und die fertigen Schmetterlinge am Ei befestigen.

Frühlingswiese

bunte Blumen, Schmetterling und Käfer

Alter
ab 4 Jahren

Motivhöhe
Blüte ca. 21 cm
Schmetterling ca. 11 cm

Material
* 3 Küchenrollen
* 3 runde Bierdeckel
* Fingerfarbe in Hellgrün, Gelb, Orange, Rosa und Lila
* Tonkarton in Pink, Orange und Lila, je A4
* Tonkarton in Lila, Orange und Weiß, A5
* Tonkartonrest in Dunkelorange
* Seidenpapier in Pink, Orange und Gelb
* Dekosteinchen in Rosa
* Wollfaden in Weiß

Vorlage
Seite 53

Blumen

1 Die Küchenrollen mit hellgrüner Fingerfarbe bemalen und gut trocknen lassen. Von der Blüte eine Schablone herstellen, auf Tonkarton übertragen und ausschneiden. Als Blütenmitte dient ein runder, hübsch gestalteter Bierdeckel.

2 Für die pinkfarbene Blume werden kleine Rechtecke aus Tonkarton zurechtgerissen und überlappend auf den Bierdeckel geklebt, sodass er vollständig bedeckt ist. Nun den Bierdeckel auf die Blüte kleben und die Blüte mit Heißkleber auf die Küchenrolle. Lasse dir dabei von einem Erwachsenen helfen.

3 Für die orangefarbene Blume den Bierdeckel mit gelber Fingerfarbe bemalen und die Dekosteinchen in die noch nasse Farbe streuen. Bevor die Blume zusammengeklebt wird, muss die Fingerfarbe gut trocknen.

4 Die lilafarbene Blume wird in der Knülltechnik gestaltet. Das Seidenpapier zu kleinen Kügelchen knüllen, dicht an dich auf den Bierdeckel kleben, den Bierdeckel auf die Blüte und die Blüte mit Heißkleber auf die Küchenrolle kleben. Bitte einen Erwachsenen, dir dabei zu helfen.

Käfer

Eine Schablone des Käfers anfertigen, die Umrisse auf den Tonkarton übertragen und das Motiv ausschneiden. Den Kopf und die Punkte aus Tonkarton zurechtreißen und auf die Grundform kleben. Auf die Rückseite werden sechs Wollfäden als Beine (7 cm lang) und zwei als Fühler (5 cm lang) geklebt.

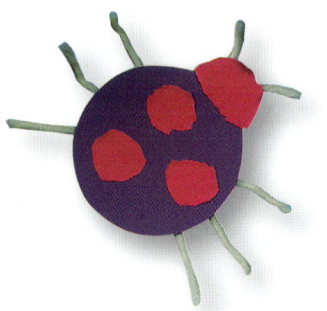

Schmetterling

1 Den weißen Tonkarton in der Mitte falten und die Faltung wieder öffnen. Auf eine Seite die Farbe auftragen und das Blatt zusammenfalten. Nun beide Seiten wieder auseinanderziehen: Die Farbe hat sich nun in lustigen bunten Punkten über das ganze Papier verteilt. Gut trocknen lassen.

2 Nun die Schmetterlingsschablone auf das gestaltete Papier legen, umfahren und ausschneiden. Zum Schluss den Körper ausschneiden und aufkleben und die Fühler (2 x 0,6 cm x 3 cm) am Kopf befestigen.

Kuschelente

ganz weich und warm

Alter
ab 5 Jahren

Motivhöhe
ca. 26 cm

Material
* Tonkarton in Gelb, A4
* Tonkartonrest in Orange
* Bastelfilz in Gelb, A4
* Bastelfilzrest in Orange
* Füllwatte
* 2 Wackelaugen, ø 1,4 cm

Vorlage
Seite 56

1 Von allen Einzelteilen Schablonen anfertigen, auf Tonkarton übertragen und ausschneiden. Klebe auf den Entenkörper etwas Füllwatte, lasse dabei aber einen Rand von mindestens 8 mm frei.

2 Dann den Rand gut mit Klebestift bestreichen und ein ausreichend großes Stück Filz aufkleben. Mit den Fingern festdrücken. Die überstehenden Filzreste werden mit einer Schere abgeschnitten. Die Watschelbeine und den Schnabel aus Tonkarton mit Filz bekleben und auf der Unterseite der Ente festkleben. Zum Schluss klebst du die Wackelaugen auf.

Bunte Schmetterlinge

in Regenbogenfarben

Alter
ab 4 Jahren

Motivhöhe
ca. 15 cm

Material
* Regenbogenfotokarton, A4
* Wollfaden

Vorlage
Seite 57

1 Eine Schablone des Schmetterlings fertigen und auf den Regenbogenfotokarton übertragen. Mit der Prickelnadel den Schmetterling ausprickeln.

2 Die Innenflügel hochbiegen und den Wollfaden durch ein kleines Loch am Kopf ziehen. Nun kannst du den Schmetterling beim Laufen hinter dir herflattern lassen.

UNSER ELTERNTIPP
Die Innenlinien des Schmetterlings lassen sich am besten mit Kohlepapier übertragen.

Summ, summ, summ

Bienchen, summ herum

1 Auf die Drahtenden jeweils eine Perle auffädeln und andrahten. Den Draht zu einem U biegen.

2 Vom Kopf eine Schablone anfertigen. Den Kopf ausschneiden und das Gesicht mit Filzstift und Buntstift aufmalen. Den Draht von hinten am Kopf ankleben.

3 Aus je einem schwarzen und gelben Tonpapierstreifen eine Hexentreppe mit sieben Zacken falten.

4 Am letzten Faltabschnitt den Kopf ankleben. Die Flügel aus Transparentpapier ausschneiden und am Rumpf ankleben.

5 Als Aufhängung den Nylonfaden mit der Nadel durch den letzten Faltabschnitt hinter dem Kopf fädeln.

Hallo, kleine Ente!

für süße Überraschungen

Alter
ab 6 Jahren

Motivhöhe
ca. 20 cm

Material
* runde Käseschachtel, ø 8,5 cm
* Tonkarton in Hellblau, A4
* Tonkartonreste in Gelb
* 4 Federn in Gelb
* Filzstift in Orange
* Zackenschere

Vorlage
Seite 60

1 Den zugeschnittenen Tonkarton um die Käseschachtel kleben und als Griff einen 30 cm x 3 cm breiten Streifen mit der Zackenschere ausschneiden. Den Griff an der Innenseite der Schachtel festkleben.

2 Die Entchen ausschneiden, die Gesichter und den Schnabel mit Filzstift aufmalen und die Federn ankleben.

3 Jetzt kannst du die Entchen auf dem Korb festkleben.

Komm, spiel mit mir!

Marienkäferspiele

Alter
ab 4 Jahren

Motivhöhe
ca. 6 cm (Hütchenspiel)

ca. 11 cm (bewegliche Karte)

Material
Hütchenspiel
* 2 Kinderjoghurtbecher
* Tonkartonrest in Regenbogenfarbe
* Klebepunkt in Gelb und Grün, ø 8 mm
* 4 Perlen in Rot, ø 7 mm
* 4 ovale Wackelaugen, 5 mm x 7 mm
* Kordel in Weiß, ø 1 mm, 2 x 25 cm lang

Bewegliche Karte
* Tonkartonreste in Regenbogenfarbe,
  Hautfarbe und Rot-Schwarz gepunktet
* Chenilledraht in Schwarz
* Faden in Rot, ø 1 mm
* Klebepunkt in Rot, ø 8 mm

Vorlage
Seite 58

Hütchenspiel

1 Zuerst die Blume aufmalen und ausprickeln. Die Wattekugel wie abgebildet mit rotem und schwarzem Filzstift bemalen. Dann die Wackelaugen aufkleben und den Mund mit weißem Lackmalstift aufmalen.

2 Den Joghurtbecher mit den Klebepunkten und den Blumen bekleben. Damit die Schnur im Becher befestigt werden kann, muss durch den Boden ein Loch gestochen werden. Das geht am besten mit einem Cutter. Lasse dir dabei von einem Erwachsenen helfen. Nun die Schnur nach innen in den Becher ziehen und eine Perle am unteren Ende festknoten.

3 An das andere Ende der Schnur eine Perle kleben. Zum Schluss den Marienkäfer mit Klebstoff daran befestigen.

Bewegliche Karte

1 Zuerst alle Teile ausprickeln und anmalen. Dann die Fühler von hinten an den Kopf kleben und das Gesicht gestalten. Anschließend wird der Kopf auf den Körper geklebt.

2 Mit einer Nadel oder Schere zwei Löcher in das Blatt stechen. Den Faden auf der Rückseite des Marienkäfers festkleben. Gut trocknen lassen.

3 Den Faden durch die Löcher ziehen und auf der Rückseite etwa in der Mitte verknoten. Wenn du nun auf der Rückseite am Faden ziehst, läuft der Marienkäfer über das Blatt.

Unser Tipp für dich
Natürlich kannst du die Blüten des Hütchenspiels und die bewegliche Karte auch mit der Schere ausschneiden, anstatt sie auszuprickeln. Du solltest aber einen Erwachsenen bitten, die runden Löcher mit einem Cutter oder einer Schere in die Blüten zu schneiden.

Kleine Schnecken

halten Wichtiges ganz fest

Alter	Motivhöhe
ab 4 Jahren	ca. 6 cm

Material

* 4 Holzwäscheklammern
* Acrylfarbe in Blau, Grün, Rot und Gelb
* Blumendraht in Grün, ø 1 mm, 4 x 10 cm lang
* Kordel in Hellgrün, ø 5 mm, 2 m lang
* Chenilledraht in 2 x Blau und je 3 x Gelb und Grün, je 25 cm lang
* Holzperle in Orange, ø 1,5 cm
* Drehhaken

1 Die Klammern gemäß Abbildung bemalen. Nach dem Trocknen Augen und Münder mit Filzstift auf die Klemmseite aufmalen.

2 Immer zwei Chenilledrahtfarben zusammenlegen und zum Schneckenhaus biegen. Die Drahtenden evtl. mit einer Schere anpassen und die Schneckenhäuser aufkleben.

3 Den Blumendraht für die Schneckenfühler durch die Metallspirale der Klammer führen. Die Drahtteile miteinander verdrehen und an einer inneren Klammerseite mit Klebstoff befestigen. Dabei muss die Klemme geöffnet sein. Den Draht nach dem Trocknen zurechtbiegen.

4 Die Schnecken wechselseitig an die Schnur klemmen. Bitte einen Erwachsenen, die Kordel mit einem Drehhaken an der Wand zu befestigen. Einen Knoten in das Kordelende machen und diesen in die Holzperlenöffnung einkleben.

Froggy

ist grün und macht große Augen

Alter	Motivhöhe
ab 6 Jahren	ca. 27 cm

Material

* je 2 Pappringe, ø 8,5 cm/3 cm
  und ø 6 cm/2,5 cm
* Wolle in Hellgrün
* 2 Wackelaugen, ø 2 cm
* Chenilledraht in Hellgrün und Rot
* 2 Wattekugeln in Hellgrün, ø 2 cm

1 Für den Kopf und den Körper werden je ein Pompon benötigt. Den Kopf auf dem Körper befestigen, die Augen auf die Wattekugeln kleben und diese am Kopf fixieren. Ein 6 cm langes Stück Chenilledraht wird als Maul aufgeklebt.

2 Pro Arm einen grünen Chenilledraht in der Mitte knicken. Den Knick zu einer 3 cm langen Schlaufe formen und gleichmäßig verteilt noch drei weitere Schlaufen bilden. Die Schlaufen zu Fingern verzwirbeln und den Rest des Chenilledrahts zum Arm verzwirbeln. Den Arm auf 5 cm Länge (ohne Finger) kürzen.

3 Für jedes Bein einen Chenilledraht in der Mitte knicken und drei 5 cm lange Schlaufen formen. Den Rest des Chenilledrahts verzwirbeln. Die Beinlänge wird auf 10 cm gekürzt. Arme und Beine entsprechend der Abbildung zwischen die Wollfäden des Pompons kleben.

Der Frühling ist da!

Blumentöpfe und Vogelhäuschen

Alter	Vorlage
ab 8 Jahren	Seite 59

Motivhöhe

Blumentopf ca. 28 cm

Vogelhäuschen ca. 8 cm

Material
pro Blumentopf

* je 1 Tontopf, ø 6 cm und ø 7 cm
* Tonuntersetzer, ø 8 cm
* Filz in Hellblau, Pink oder Orange sowie Blattgrün, A4
* Fotokartonrest in Grün
* 1/2 Styroporkugel, ø 5 cm
* Holzperle in Gelb, ø 6 mm, und in Rot, ø 8 mm
* Acrylfarbe in Sonnengelb, Lindgrün und Erika bzw. Orange und Rot
* wasserlösliche Buntstifte in Rot, Rosa bzw. Hellblau
* Rundholzstab, ø 6 mm, 12 cm lang
* Islandmoos in Grün
* Styrofoam-Steckmasse
* Wattestäbchen

pro Vogelhäuschen

* Tontopf, ø 4,5 cm bzw. ø 5,5 cm
* Rundholzstab, ø 4 mm, 1,5 cm bzw. 2 cm lang
* 1/2 Holzperle in Weiß, ø 1 cm, bzw. in Gelb, ø 1,2 cm
* 2 Holzperlen in Lila, ø 1 cm, bzw. in Mittelblau, ø 1,2 cm
* Satinband in Orange bzw. Rot, 4 mm breit, 2 x 50 cm lang
* Fotokartonreste in Schwarz, Gelb, Orange und Lila bzw. Türkis und Blau
* Acrylfarbe in Lila bzw. Lindgrün
* Buntstift in Weiß
* Islandmoos in Grün
* Naturbastschnipsel in Maigrün bzw. Orange
* Bürolocher

Blumentöpfe

1 Die Blütenrosetten aus Filz zuschneiden. Grünen Filz auf Karton kleben und Blätter ausschneiden. Die kleinen Blüten ausschneiden und eine halbierte Holzkugel als Stempel aufkleben (Holzperlen spalten, siehe Seite 5).

2 Die halbe Styroporkugel gelb grundieren. Nach dem Trocknen Wackelaugen und Nasen aufkleben, mit einem roten Buntstift den Mund aufmalen. Die Bäckchen mit einem Schwämmchen auftupfen. Mit einem farblich passenden angefeuchteten Buntstift die Blattränder kolorieren. Die kleinen Töpfe lindgrün bemalen und zur Hälfte mit Steckmasse füllen. Die größeren Töpfe passend zur Blüte bemalen und mit einem Wattestäbchen die Punkte auftupfen. Nach dem Trocknen mit Steckmasse füllen und mit Moos abdecken.

3 Das fertige Gesicht auf die Filzblüte kleben. Die Blüten leicht in den kleinen, lindgrünen Topf drücken und festkleben.

4 Mit Heißkleber den Blumenstiel schräg in das Loch des Blütentopfes und mittig in den Moostopf einkleben. In jedes Töpfchen drei Blätter und zwei farblich passende Streublüten kleben.

Vogelhäuschen

1 Den Tontopf nach Abbildung grundieren. Den Kreisausschnitt für das Dach und das Einflugloch aus Karton ausschneiden. Den Dachausschnitt ineinanderschieben, den Rand mit Klebstoff oder Klebefilm fixieren.

2 Das Satinband doppelt legen und beide Enden ca. 5 cm hoch miteinander verknoten. Mit einer dicken Stopfnadel das Band auffädeln und eine Holzperle aufziehen. Mit der Nadel durch das Topfloch und die Spitze des Daches stechen, das Band durchziehen. Eine weitere Holzperle auffädeln und das Band straff oberhalb der Perle verknoten.

3 Das Einflugloch und die halbe Holzperle aufkleben. Den Schnabel ausschneiden und aufkleben, die Augen mit Filzstift aufzeichnen.

4 Das Einflugloch mit einem weißen Buntstift umfahren, das schwarz grundierte Rundholzstäbchen einkleben. Das Dach mit Moos, Baststückchen und ausgestanzten Kartonpunkten bekleben.

Hoppelhäschen

putzig in Pink

Kleiner Hase

1 Einen Pompon in Rosé fertigen und rundum um ca. 1 cm stutzen, damit der Pompon dichter und kompakter wird.

2 Die Glasaugen und die Holzperle als Nase anbringen. Zuletzt die Filzohren nach Vorlage ausschneiden und ankleben.

Große Hasen

1 Für je einen Hasen drei unterschiedlich große Pompons anfertigen. Den Kopf (mittlerer Pompon) rundum um ca. 1 cm stutzen, damit er fester und kompakter wird. Kopf und Schwanz (kleiner Pompon) am Rumpf (großer Pompon) annähen. Lasse dir dabei von einem Erwachsenen helfen. Der roséfarbene Hase bekommt einen kleinen Schwanz in Pink, der pinkfarbene Hase einen Schwanz in Rosé, der melierte Hase einen Schwanz in Natur.

2 Die Glasaugen aufnähen. Für die Schnurrhaare einen Draht zur Hälfte durch die Holzperle fädeln, dann ein Drahtende um die Perle legen und nochmals durchfädeln. Den zweiten Draht ebenso befestigen. Die Holzperle auf Nadel und Faden auffädeln und am Kopf annähen. Zuletzt die Ohren gemäß Vorlage ausschneiden und ankleben.

UNSER ELTERN-TIPP

Pomponwickeln macht allen Kindern Spaß! Beim Zusammenfügen der Pompons und Annähen der Augen und Nasen sollten Sie Ihrem Kind jedoch helfen. Binden Sie die Pompons einfach an dem Faden zusammen, der zum Abbinden verwendet wurde.

Osterlämmer

kuschelig weich und weiß wie Wolken

Alter
ab 6 Jahren

Motivhöhe
ca. 8 cm

Material
* Fotokarton in Braun, A5
* Schafwolle in Natur oder Weiß
* Faden in Weiß, 50 cm lang

Vorlage
Seite 60

1 Vom Rumpf, Kopf und Ohr des Schafes jeweils eine Schablone anfertigen.

2 Den Fotokarton auf ein Rechteck mit den Maßen 14 cm x 10 cm zuschneiden, in der Mitte anritzen und zu einer Doppelkarte, 7 cm x 10 cm, falten. Die Rumpfschablone so auflegen, dass sich die gestrichelte Linie auf der Faltlinie der Doppelkarte befindet. Den Umriss mit Bleistift nachziehen und ausschneiden.

3 Für den Kopf ein 5 cm x 5 cm großes Fotokartonstück zuschneiden, in der Mitte anritzen, falten, die Kopfkontur übertragen und ausschneiden. Den Kopf leicht nach unten gesenkt in das zusammengeklappte Rumpfteil kleben. Die Beine lassen sich jetzt nicht mehr so weit spreizen.

4 Nun etwas Wolle von unten in den Rumpf stecken, den Faden rund um Bauch und Rücken legen und anknoten. Dabei sollte das kurze Ende noch etwa 10 cm lang überstehen. Jetzt den Rumpf samt Kopf mit Wolle bedecken und dann mit dem Faden umwickeln. So den Schafsrumpf modellieren. Nun den Wollfaden so abschneiden, dass erneut 10 cm überstehen. Dieses Faden-ende mit dem stehen gelassenen Fadenstück vom Anfang verknoten und beide Fäden abschneiden.

5 Zuletzt die Umrisse für die Ohren auf Fotokarton übertragen, ausschneiden und mit Alles-kleber ankleben.

UNSER ELTERN-TIPP
Auch kleinere Kinder können ein Osterlamm basteln. Zeichnen Sie dazu ausgehend von der Vorlage zwei einfache Umrisse eines Schafes (in einem Stück) auf Fotokarton, schneiden Sie sie aus und kleben Sie sie so zusammen, dass sich die Beine noch spreizen lassen. Die Kinder können nun Vorder- und Rückseite mit Schafwolle oder Watte bekleben und evtl. dem Schaf noch ein Gesicht aufmalen.

Fensterketten

mit Osterhase, Schmetterling & Co.

Alter
ab 8 Jahren

Motivhöhe
ca. 7 cm bis 10 cm
(Einzelmotive)

Vorlage
Seite 61

Material
* Tonpapierreste in Gelb, Orange,
  Hellrot, Dunkelrot, Rosa, Pink,
  Hautfarbe, Beige, Dunkelbraun,
  Hellgrün, Dunkelgrün und Schwarz
* Transparentpapierrest
* Draht in Grün, ø 2 mm, 4 cm lang
* 2 Perlen in Orange, ø 2,5 mm
* 8 Glas-Perlen in Rot, ø 8 mm
* Nylonfaden, ø 0,3 mm, 2 x 3 cm,
  1 x 60 cm (linke Fensterkette) und
  1 x 70 cm (rechte Fensterkette) lang

1 Die einzelnen Teile nach Vorlage aus Tonpapier bzw. die Flügel der Biene aus Transparentpapier ausschneiden. Die Köpfe und Punkte der Marienkäfer aufmalen. Die Motive zusammenkleben.

2 Die kleinen Perlen an den Enden der beiden kurzen Nylonfadenstücke befestigen und die so entstandenen Fühler von hinten am Kopf des Schmetterlings fixieren. Die kleine Blume an den grünen Draht kleben und unter dem Schnabel der Ente befestigen. Alle Gesichter aufmalen.

3 Jeweils abwechselnd eine große Perle und ein Motiv an den Nylonfäden fixieren. Am oberen Ende der Fäden eine Schlaufe zum Aufhängen, am unteren Ende nach der letzten Perle zur Absicherung einen Knoten machen. Die Ketten ins Fenster oder an die Wand hängen.

Paulchen und Emma

ganz einfach

Alter
ab 5 Jahren

Motivhöhe
ca. 6 cm

Material
pro Schäfchen
* lufttrocknende Modelliermasse in Weiß und Terrakotta
* 2 Holzperlen in Braun, ø 4 mm
* Schaschlikstäbchen, 2 cm lang

Vorlage
Seite 52

1 Aus einer braunen Kugel (ø 4 cm) den Körper formen. Darauf dicht an dicht kleine weiße Kügelchen (ca. ø 5 mm) setzen, bis der braune Körper kaum noch zu sehen ist. Damit die Kügelchen nicht wieder abfallen, muss die Oberfläche mit einem Schaschlikstäbchen aufgeraut werden (einfach viele kleine Löcher nebeneinander stechen). Zusätzlich noch stark mit Wasser verdünnte Modelliermasse auftragen, die in diesem Fall wie Klebstoff funktioniert.

2 Aus einer weiteren braunen Kugel (ø 3 cm) den eiförmigen Kopf formen. Kleine Kügelchen wie oben beschrieben befestigen. Die Perlen als Augen in den Kopf drücken und mit einem kleinen Kreuz die Schnauze markieren. Befestige den Kopf mit einem kurzen Stück eines Schaschlikstäbchen und mit etwas mit Wasser verdünnter Modelliermasse am Körper.

3 Für die Beine aus zwei braunen Kugeln (ø 2 cm) Würste rollen und diese mit etwas mit Wasser verdünnter Modelliermasse anbringen. Die Ohren werden aus zwei platt gedrückten braunen Kugeln (ø 1 cm) gefertigt und wie oben beschrieben am Kopf befestigt. Fertig ist dein Schäfchen.

Kleine Osterfiguren

lustige Idee für Blumentöpfe

Alter

ab 4 Jahren

Motivhöhe

ca. 9 cm

Material pro Figur

* Tontopf, ø 4 cm
* 2 Wackelaugen, ø 1 cm
* Filzreste in Braun und Gelb
  bzw. Weiß, Rot und Orange
* Acrylfarbe in Grün bzw. Weiß
* Holzperle in Rot, ø 1,2 cm
* Holzperle, ø 2 cm (nur Hänger)

Vorlage

Seite 60

1 Für das Huhn den Tontopf in Weiß bemalen. Nach dem Trocknen der Farbe die Augen aufkleben. Kamm, Schnabel und Flügel aus Filz zuschneiden und mit Holzleim oder Kraftkleber fixieren.

2 Für den Hasen den unbemalten Tontopf mit der halbierten Holzperle (siehe Seite 5), den Wackelaugen, der Filzschleife und den Filzohren bekleben. Zum Schluss die Schnauze aufmalen.

3 Beim Hasenhänger zusätzlich den Topfrand grundieren und mit einer Holzperle als Glocke gemäß der Skizze zusammenfügen.

Max auf der Schaukel

fröhlich im Frühling

Alter
ab 7 Jahren

Motivhöhe
ca. 15 cm

Material
* lufttrocknende Modelliermasse in Weiß und Terrakotta
* Lederriemen in Hellbraun, ø 3 mm, 2 x 60 cm lang
* Kordel in Weiß, ø 2 mm, 15 cm lang
* Aludraht, ø 2 mm, 2,5 cm (Hals), 10 cm (Arme) und 2 x 6,5 cm lang (Beine)
* Nudelholz
* Küchenmesser
* Terrakottakleber

Vorlage
Seite 62

1 Aus der braunen Modelliermasse mit einem Nudelholz eine 5 mm dicke Platte ausrollen und daraus das 3 cm x 6,5 cm große Schaukelbrett ausschneiden. In alle vier Ecken ein Loch bohren. Forme aus zwei Kugeln, ø 1, 5 cm, die Mäusefüße und durchbohre sie. Die Einzelteile mindestens zwei Stunden trocknen lassen.

2 Aus einer Kugel, ø 2,5 cm, den leicht spitzen Mäusekopf formen. Zwei kleine Kugeln, ø 2 cm, platt drücken und am Mäusekopf befestigen. Dazu die betreffenden Stellen am Kopf etwas aufrauen und die Ohren mit Modelliermasse, die stark mit Wasser verdünnt wurde, befestigen. Augen und Mund eindrücken und eine kleine, braune Kugel, ø 5 mm, als Schnauze anbringen.

3 Aus einer Kugel, ø 3 cm, den Mäusekörper formen. Den Kopf mit einem kurzen Drahtstück am Körper befestigen. Zusätzlich die Verbindungsstelle an Kopf und Körper etwas aufrauen und mit verdünnter Modelliermasse wie oben beschrieben befestigen. Die Füße auf die Drahtbeine stecken und den Draht unter den Füßen rechtwinklig umbiegen. Die Beine in der Mitte leicht biegen und in den Körper stecken.

4 Für den Armdraht den Körper quer durchbohren und den Draht hindurchziehen. Dann den Schwanz in den Körper stecken und die Maus über Nacht trocknen lassen.

5 Die Enden der beiden Lederriemen von oben durch die Löcher im Schaukelbrett ziehen und unter der Schaukel mit je einem Knoten befestigen. Die Maus mit Terrakottakleber auf der Schaukel befestigen, die Mäuseschaukel aufhängen und die Arme um die Lederriemen biegen. Zwei Kugeln, ø 1 cm, als Hände formen und sie auf die Enden des Drahts drücken.

UNSER ELTERN-TIPP
Helfen Sie Ihrem Kind beim Zusammenfügen der Einzelteile. Stellen Sie sicher, dass die Ohren fest am Kopf und der Kopf sicher auf dem Körper sitzt. Es wäre schade, wenn die Figur nach dem Trocknen auseinanderfällt.

Schnick und Schnack

zwei kleine freche Schnecken

Alter

ab 5 Jahren

Motiv-höhe

ca. 8 cm

Vorlage

Seite 60

Material

* 2 Tontöpfe, ø 3,5 cm
* Acrylfarbe in Rot, Gelb und Blau
* Tonkartonrest in Gelb
* 2 Wackelaugen, ø 3 mm
* geglühter Blumendraht, ø 0,65 mm, 8 cm und 12 cm lang
* 2 Holzperlen in Rot und Blau, ø 6 mm

1 Den Tontopf in der Grundfarbe bemalen und gut trocknen lassen. Dann die beiden andersfarbigen Ringe aufmalen.

2 Von den Schneckenkörpern eine Schablone anfertigen, auf den Tonkarton legen, die Umrisse übertragen und ausschneiden. Die Wackelaugen aufkleben und das Gesicht aufmalen.

3 Den Blumendraht zu einem engen V biegen und auf die Enden je eine Holzperle kleben. Die Fühler mit Heißkleber hinten am Kopf fixieren. Lasse dir dabei von einem Erwachsenen helfen. Zum Schluss den Körper unten am Tontopf befestigen. Kopf und Schwanz nach oben biegen.

Entchen

im Grünen

Alter
ab 4 Jahren

Vorlage
Seite 60

Motivhöhe
ca. 5 cm

Material pro Entchen

* 2 Tonpapierstreifen in Gelb, 2 cm breit, 25 cm lang
* Tonpapierrest in Rot (Schnabel und Füße)
* Lackstift in Orange
* 2 Wackelaugen, ø 1 cm

1 Die Papierstreifen beidseitig mit orangefarbenen Punkten betupfen und eine Hexentreppe mit sechs Zacken falten. Die beiden letzten Faltabschnitte aufeinanderkleben und dann mit der Schere als Kopfvorderseite abrunden.

2 Für den Schnabel einen roten Papierstreifen, 8 cm x 2 cm, zuschneiden und in der Mitte falten. Die Schnabelschablone so auflegen, dass sich die gestrichelte Linie an der Faltlinie des roten Papierstreifens befindet. Den Umriss des Schnabels mit Bleistift nachziehen und den Schnabel ausschneiden.

3 Den Schnabel unter die abgerundete Kopfvorderseite in die Hexentreppe stecken und ankleben. Die Wackelaugen und die Füße ergänzen. Die Füße kannst du in unterschiedlichen Positionen ankleben.

Kunterbunte Ostereier

mit Fingerdruck

Alter
ab 4 Jahren

Motivhöhe
ca. 6 cm

Material
* Acrylfarbe in beliebigen Farben
* ausgeblasene Hühnereier in Weiß
* Nähgarn in Weiß
* Nähnadel
* Streichholz
* ggf. Korken
* ggf. Schaschlikstäbchen

1 Die Farbe mit einem Pinsel mittlerer Stärke auf den Zeigefinger auftragen und auf den entsprechenden Untergrund drucken. Nach jedem Aufdruck den Finger wieder neu mit Farbe bestreichen.

2 Wenn die Farbe gewechselt wird, den Zeigefinger mit einem feuchten Tuch gründlich säubern und den Pinsel gut auswaschen, damit sich die Farben nicht vermischen.

3 Die Eier bunt übereinander bedrucken oder mit einem Muster versehen. Bei den Küken Schnabel, Augen und Krallen mit Pinsel oder Permanentmarkern ergänzen.

4 Zum Aufhängen ein Streichholz halbieren, den Nähfaden gut daran verknoten und in das obere Loch einführen. Das Ei schütteln, damit sich das Hölzchen querlegt.

UNSER ELTERNTIPP
Stecken Sie die ausgeblasenen Eier am besten auf ein Schaschlikstäbchen zwischen zwei Korkscheiben, dann verrutschen die Eier nicht und Sie können sie zum Trocknen gut auf ein Stück Styropor stecken.

Der kleine Bauernhof

zum Spielen und Dekorieren

Alter
ab 7 Jahren

Motivgröße
Kuh ca. 18 cm lang
Katze ca. 13 cm hoch
Schwein ca. 12 cm lang

Material
Kuh
* Chenilledraht in Hell- und Dunkelrosa, Weiß und Schwarz
* Bastelfilz in Weiß, A5
* Bastelfilzrest in Schwarz
* Tonkartonrest in Weiß
* 2 Holzperlen in Schwarz, ø 5 mm
* Toilettenpapierrolle

Katze
* Chenilledraht in Schwarz, Weiß und Rosa
* Bastelfilz in Schwarz, A5
* Tonkartonrest in Schwarz
* 2 Holzperlen in Grün, ø 5 mm
* Toilettenpapierrolle

Schwein
* Chenilledraht in Rosa
* Bastelfilz in Rosa, A5
* Tonkartonrest in Rosa
* je 2 Holzperlen in Rosa und Schwarz, ø 5 mm
* Toilettenpapierrolle

Vorlage
Seite 62 + 63

Alle Tiere haben einen Körper aus mit Filz umklebten Toilettenpapierrollen. Dazu wird der Filz an den schmalen Seiten in regelmäßigen Abständen eingeschnitten und um die Toilettenpapierrolle geklebt.

Kuh

1 Die Kuh erhält noch Flecken, ein Euter und Ohren aus Filz. Das Euter wird doppelt ausgeschnitten und oben bis auf einen kleinen Streifen, der als Klebefläche dient, zusammengeklebt und am Bauch befestigt.

2 Für die Beine wird der Chenilledraht doppelt gelegt, verzwirbelt und in der Mitte auseinandergeschnitten. Die Chenilledrahtstücke als Beine ankleben. Nun fehlt noch der Schwanz.

3 Für die Schnauze den Chenilledraht zu einer Schnecke legen und auf den zugeschnittenen rosafarbenen Tonkarton kleben. Nun noch den Mund aufkleben. Zum Schluss werden der Kuh noch Hörner aus Chenilledraht und Perlen als Augen angeklebt.

Katze

1 Der Kopf der Katze wird genauso wie der des Schweinchens gemacht. Pfoten und Schnauze bestehen aus kleinen Chenilledrahtspiralen.

2 Alles aufkleben und den Schwanz ergänzen. Mit einem wasserfesten schwarzen Filzstift Pupillen auf die Augen malen und diese aufkleben.

Schwein

1 Vier Beine aus Chenilledraht zurechtbiegen und an den Körper kleben. Das Ringelschwänzchen über einen Stift wickeln, wieder abnehmen und ankleben.

2 Für das Gesicht des Schweins eine Schnecke aus Chenilledraht drehen und aus dem Ende zwei Ohren biegen. Den Chenilledraht auf Tonkarton kleben. Noch eine kleinere Schnecke für die Schnauze legen und ebenfalls aufkleben. Die Augen und Nasenlöcher ergänzen und den Kopf auf den Körper kleben.

Schmetterlingstanz

Mobile aus Erdnüssen

Alter

ab 5 Jahren

Motivhöhe

ca. 35 cm

Material

* 4 Erdnüsse
* Acrylfarbe in Violett, Rot, Gelb, Orange und Schwarz
* je 2 gepresste Rosenblüten, ca. 2 cm und 3 cm breit
* 2 gepresste Mohnblüten-Blätter, ca. 3 cm breit
* 2 gepresste Efeublätter, ca. 3 cm breit
* 2 gepresste Blütenhälften (z. B. Storchenschnabel), ca. 2 cm breit
* je 2 Stecknadeln mit Kopf in Gelb, Orange, Violett und Rot
* 15 getrocknete Maiskörner
* 2 Aststücke, ø 1,5 cm, je 30 cm lang
* Naturbast, 4 x 70 cm lang
* Nähfaden in Schwarz

1 Die Erdnüsse wie abgebildet bemalen. Erst die schwarze Haube rundherum aufmalen und die Augen mit Acrylfarbe und Lackmalstift auftupfen. Zum Schluss die Nase und Verzierungen für den Bauch in den entsprechenden Farben malen.

2 Nach dem Trocknen die farblich passenden Stecknadeln auf die Köpfchen stecken und die Blüten ganz vorsichtig an den Rücken kleben. Lasse dir dabei von einem Erwachsenen helfen.

3 Auch beim Aufhängen der Schmetterlinge sollte dir ein Erwachsener helfen. Für die Aufhängung vier Fäden in den Längen 45 cm, 40 cm, 35 cm und 30 cm zuschneiden. Den Nähfaden jeweils an einem Ende verknoten, von unten mit der Nadel durch die Erdnussfigur stechen und zwischen den beiden Fühlern wieder herausstechen. Auf den Nähfaden im Abstand von ca. 5 cm die getrockneten Maiskörner aufhängen. Um das Korn auf dem Faden zu fixieren, die Nadel nach dem Durchstechen von unten nochmals in das Kornloch einstechen.

4 Die beiden Aststücke zuerst zusammenkleben und anschließend wie abgebildet mit den Bastfäden zusammenbinden. Dabei zwei Bastenden für die Aufhängung offen lassen und aus den anderen beiden eine Schleife binden.

5 Die vier Figuren erst probeweise aufhängen und die Fäden so auf den Aststücken verschieben, dass das Mobile ausbalanciert ist. An den Stellen, an denen die Fäden aufgehängt werden sollen, mit einem Messer kleine Rillen einritzen, um das Verrutschen zu verhindern.

6 Am Kreuzungspunkt der beiden Äste zusätzlich einen 10 cm langen Faden mit zwei Maiskörnen aufhängen.

Unser Tipp für dich

Hübsch sehen die Erdnuss-Schmetterlinge auch als Blumenstecker aus. Bitte dafür einen Erwachsenen, ein Schaschlikstäbchen in die Nuss zu stecken.

Vorlagen

UNSER ELTERNTIPP

Manche Vorlagen hier im Buch wurden verkleinert. Diese Vorlagen bitte einfach mit dem angegebenen Vergrößerungsfaktor im Kopiergeschäft kopieren und dann diese Kopien wie normale Vorlagen nutzen.

Paulchen und Emma
SEITE 40

Schmetterlinge
SEITE 8

Niedlicher Vogel
SEITE 12

Frühlingswiese
SEITE 22

bitte auf 135 % vergrößern

falten

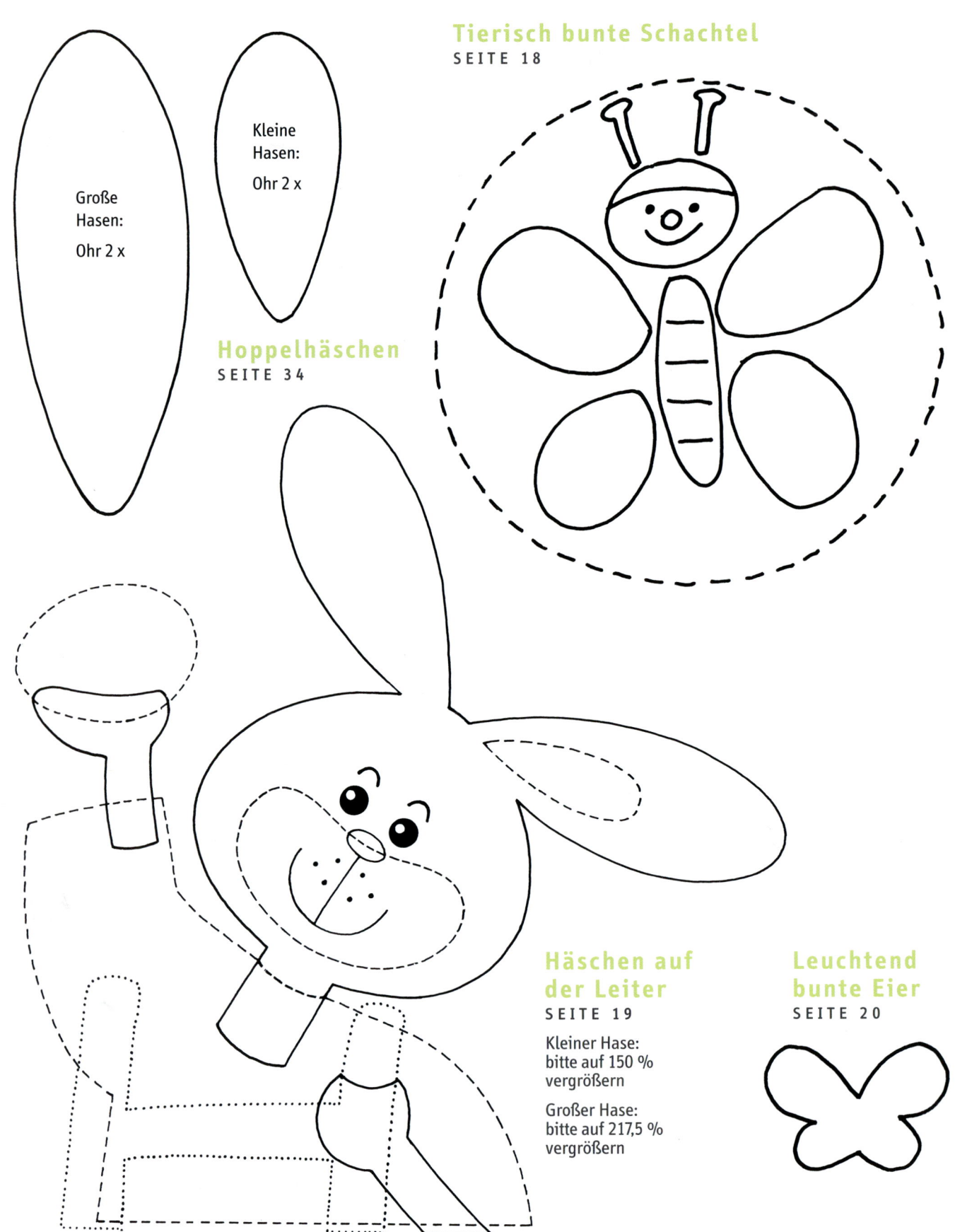

Große
Hasen:

Ohr 2 x

Kleine
Hasen:

Ohr 2 x

Tierisch bunte Schachtel
SEITE 18

Hoppelhäschen
SEITE 34

**Häschen auf
der Leiter**
SEITE 19

Kleiner Hase:
bitte auf 150 %
vergrößern

Großer Hase:
bitte auf 217,5 %
vergrößern

**Leuchtend
bunte Eier**
SEITE 20

Blumenklammern
SEITE 15

Blumen-
Buchstützen
SEITE 14

Osternest
SEITE 16

Summ, summ, summ
SEITE 26

Kuschelente
SEITE 24

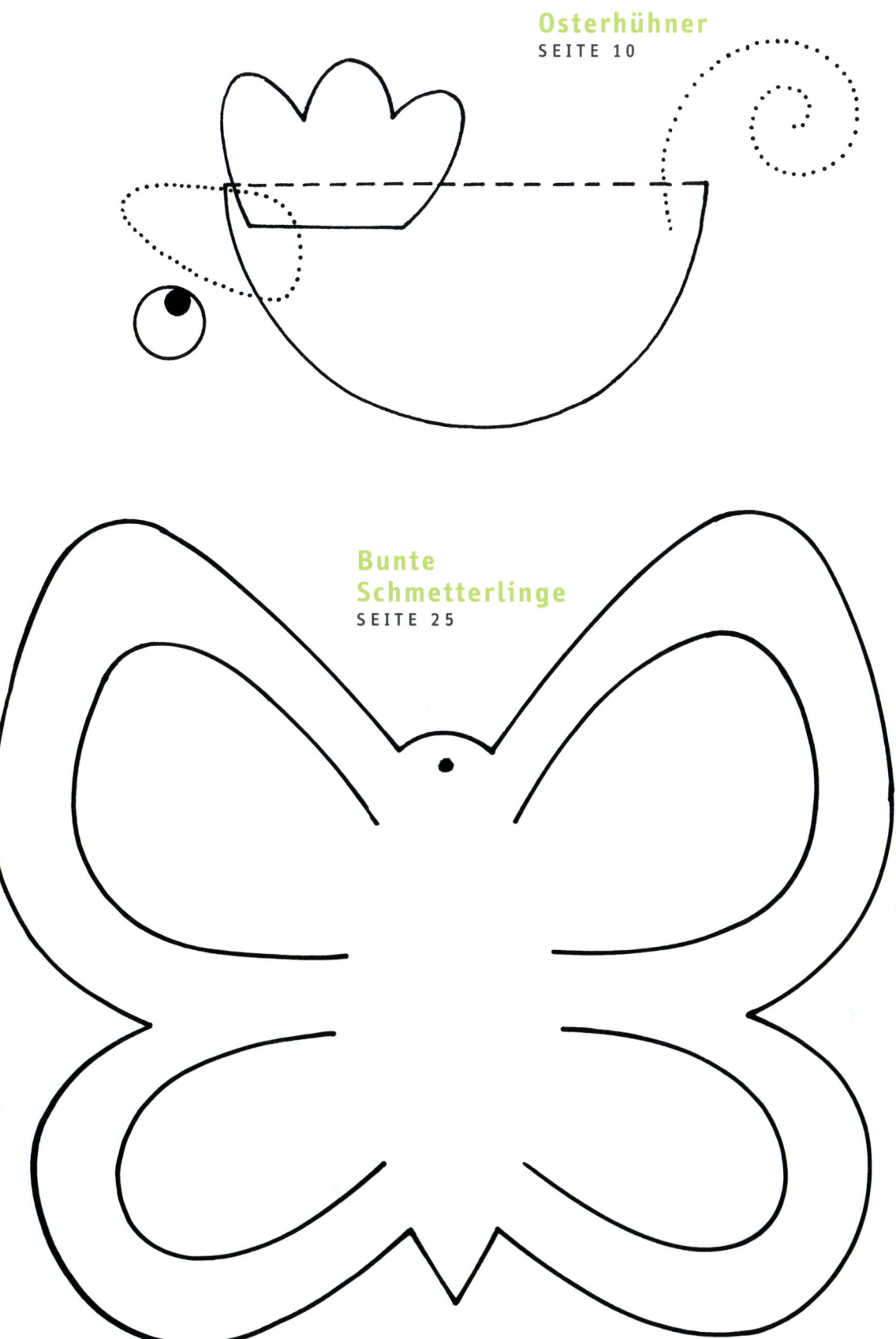

Osterhühner
SEITE 10

Bunte
Schmetterlinge
SEITE 25

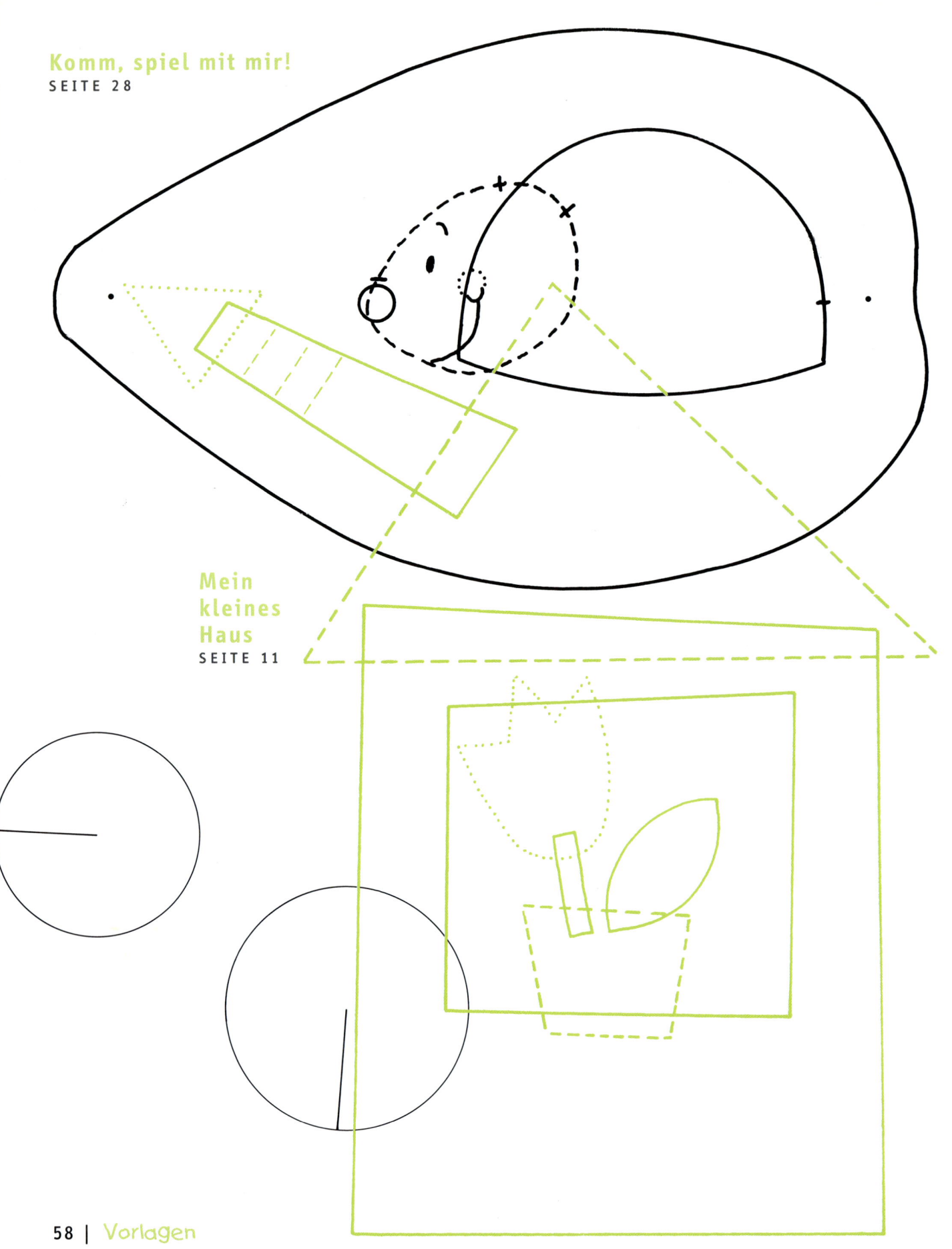

**Mein
kleines
Haus**
SEITE 11

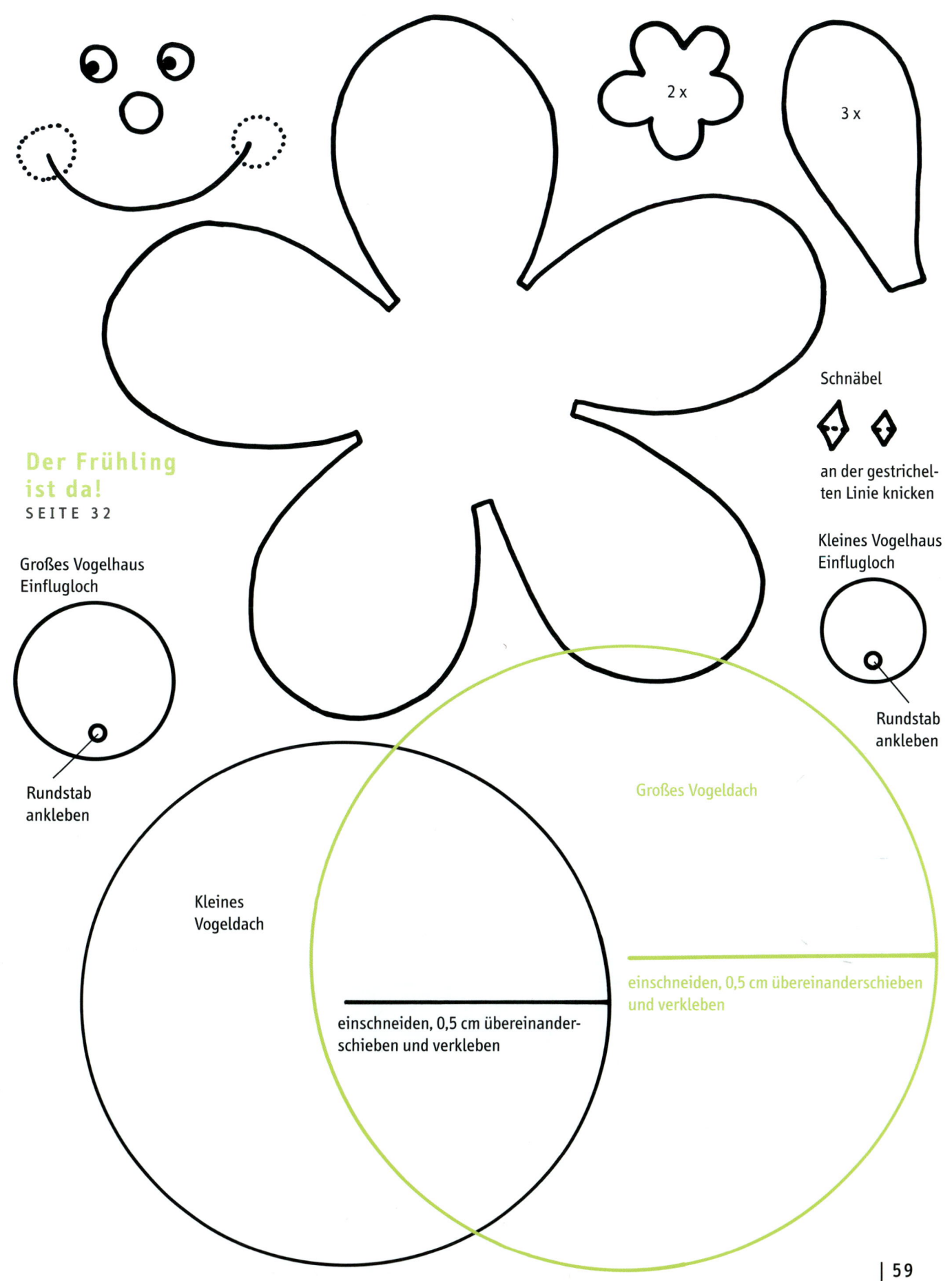

Der Frühling ist da!
SEITE 32

Großes Vogelhaus
Einflugloch

Rundstab
ankleben

Kleines
Vogeldach

einschneiden, 0,5 cm übereinanderschieben und verkleben

Schnäbel

an der gestrichel-
ten Linie knicken

Kleines Vogelhaus
Einflugloch

Rundstab
ankleben

Großes Vogeldach

einschneiden, 0,5 cm übereinanderschieben
und verkleben

2 x

3 x

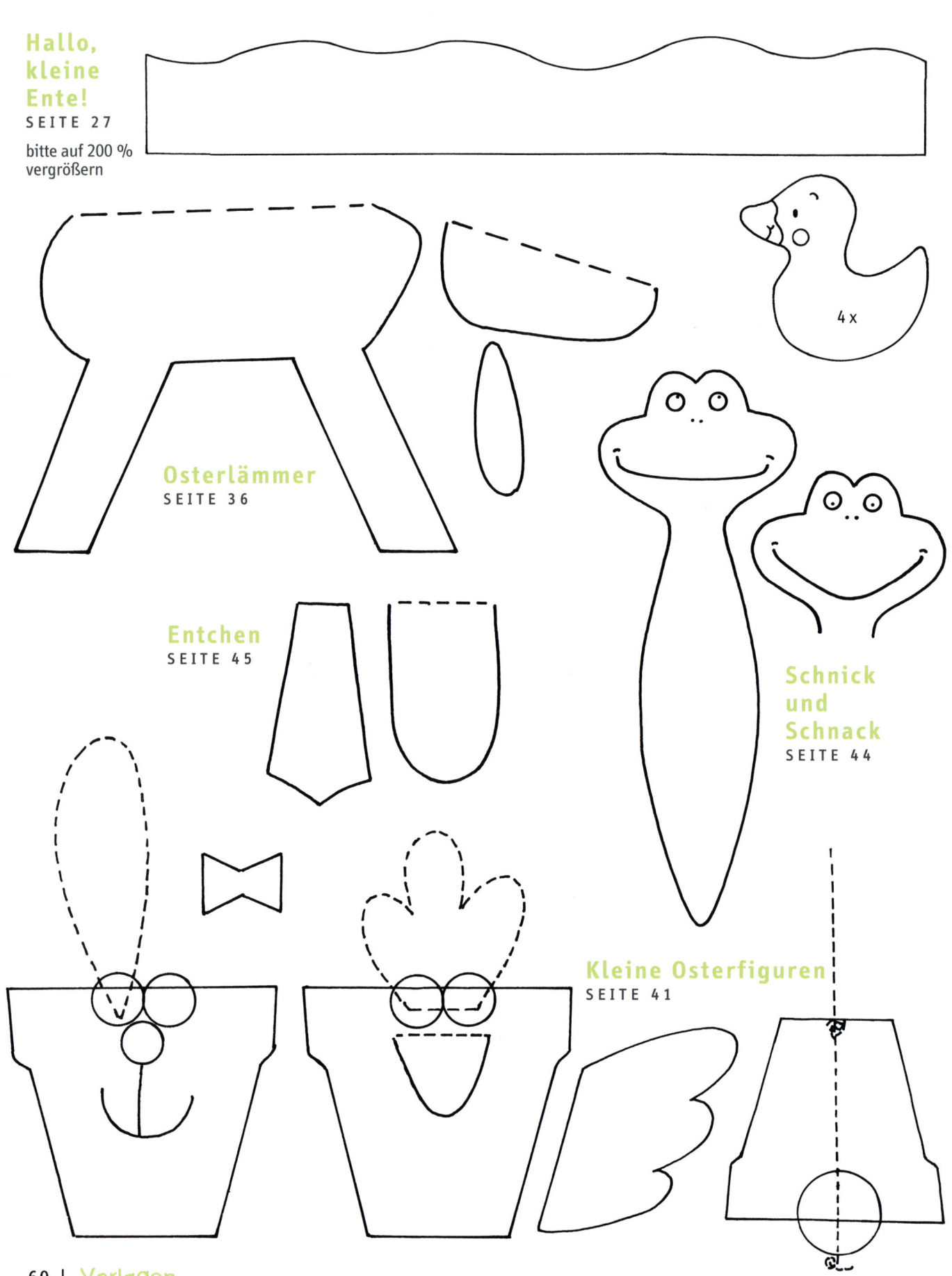

Hallo, kleine Ente!
SEITE 27
bitte auf 200 % vergrößern

4 x

Osterlämmer
SEITE 36

Entchen
SEITE 45

Schnick und Schnack
SEITE 44

Kleine Osterfiguren
SEITE 41

Fensterketten
SEITE 38

1

2

3

Max auf der Schaukel
SEITE 42

4

5

Der kleine Bauernhof
SEITE 48

Katze

Kuh, Schwein, Katze

Katze

Kopf in Schwarz, 40 cm
Pfoten 2 x in Schwarz,
2 x in Weiß, je 10 cm
Schnauze in Rosa, 2 cm
Schwanz in Schwarz, 30 cm

einschneiden

Katzen- und Schweinekopf

Schwein

Schwein

Beine in Rosa, 4 x 10 cm
Schwanz in Rosa, 8 cm
Kopf in Rosa, 40 cm
Schnauze in Rosa, 25 cm

Katzen- und
Schweinekopf
Tonkarton

2 x

Schweineschnauze

Katzenschnute

Kuh

Hörner in Schwarz, 2 x 5 cm
Schwanz in Schwarz
(15 mm stark), 8 cm
Schnauze in Rosa, 30 cm
Mund in Pink, 5 cm
Beine in Weiß, 4 x 14 cm

Impressum

MODELLE: Sandra Blum (Seite 14, 15), Sigrid Heinzmann (Seite 32/33), Barbara Kalk (Seite 31), Angelika Kipp (Seite 12, 20/21, 24, 25), Kornelia Milan (Seite 30, 50/51), Pia Pedevilla (Seite 13, 18, 19, 41), Pia Pedevilla/Anja Ritterhoff (Seite 10, 11, 22/23), Anja Ritterhoff (Seite 48/49), Heike Roland/Stefanie Thomas (Seite 38/39), Annika und Gudrun Schmitt (Seite 27, 28/29), Eva Sommer (Seite 16/17, 46/47), Armin Täubner (Seite 8/9, 26, 34/35, 36/37, 44, 45), Julia Täubner (Seite 40, 42/43)

PRODUKTMANAGEMENT UND LEKTORAT: Katrin Hartmann

LAYOUT: Petra Theilfarth

FOTOS: frechverlag GmbH, 70499 Stuttgart; Lichtblick, Jochen Frank, Laichingen (Kinderfoto Cover und Seite 3 oben), Kalk Fotodesign, Soltau (Seite 31), Daniela Kofler, Foto-Rapid, Bruneck (Seite 41), fotolia, Patrizia Tilly (Seite 16), Fotostudio Ullrich & Co., Renningen (übrige Fotos)

DRUCK UND BINDUNG: Korotan d.o.o., Ljubljana, Slowenien

Auflage: 5.   4.   3.   2.   1.
Jahr: 2013   2012   2011   2010   2009   [Letzte Zahlen maßgebend]

© 2009 **frechverlag** GmbH, 70499 Stuttgart

ISBN 978-3-7724-5636-7
Best.-Nr. 5636

WIR SIND FÜR SIE DA!
Bei Fragen zu unserem umfang-
reichen Programm oder Anregungen
freuen wir uns über Ihren Anruf
oder Ihre Post. Loben Sie uns, aber
scheuen Sie sich auch nicht, Ihre
Kritik mitzuteilen – sie hilft uns,
ständig besser zu werden.
Das Produktmanagement erreichen
Sie unter:

    pm@frechverlag.de

oder:

    frechverlag
    Produktmanagement
    Turbinenstraße 7
    70499 Stuttgart
    Telefon 07 11 / 8 30 86 68

LERNEN SIE UNS BESSER KENNEN!
Fragen Sie Ihren Hobbyfach- oder
Buchhändler nach unserem kosten-
losen Kreativmagazin **„Meine kreative
Welt"**. Darin entdecken Sie viertel-
jährlich die neuesten Kreativtrends
und interessantesten Buchneuheiten.
Oder besuchen Sie uns im Internet!
Unter **www.frechverlag.de** können
Sie sich über unser umfangreiches
Buchprogramm informieren, unsere
Autoren kennenlernen sowie aktu-
elle Highlights und neue Kreativtech-
niken entdecken, kurz – die ganze
Welt der Kreativität.
Kreativ immer up to date sind Sie mit
unserem monatlichen **Newsletter** mit
den aktuellsten News aus dem frechverlag, Gratis-Bastelanleitungen und
attraktiven Gewinnspielen.

TOPP – Unsere Servicegarantie